(Séance du 4 Juillet 1901).

RÉFORME DE LA LÉGISLATION

EN MATIÈRE

DE COLIS POSTAUX

RAPPORT

De M. P. VINDRY

Secrétaire-membre de la Chambre

RÉFORME DE LA LÉGISLATION

EN MATIÈRE

DE COLIS POSTAUX

RAPPORT

De M. P. VINDRY

Secrétaire-membre de la Chambre

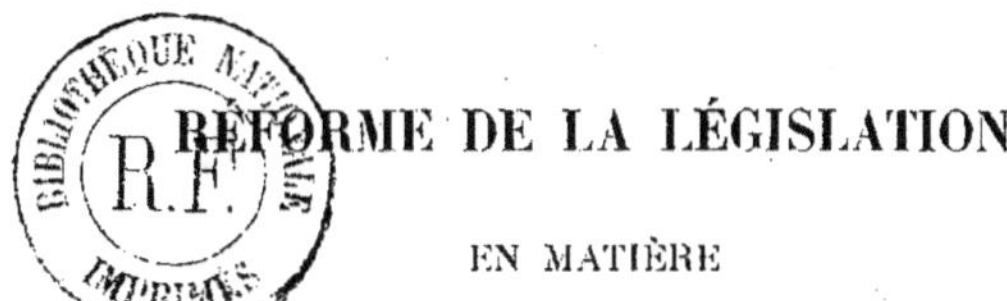

(Séance du 4 juillet 1901)

RÉFORME DE LA LÉGISLATION

EN MATIÈRE

DE COLIS POSTAUX

RAPPORT

De M. VINDRY

Secrétaire-membre de la Chambre

Dans sa séance du quatre juillet mil neuf cent un, où se trouvent réunis :

M. Aug. ISAAC, *président,*

MM. J. COIGNET, *vice-président,* PAYEN, TESTE, CARRET, GILLET, RICHARD, LYONNET, Martial PAUFIQUE, LIGNON, PILA, CHAMBEYRON, *trésorier,* et VINDRY, *secrétaire,*

M. P. VINDRY, présente le rapport suivant au nom de la Commission de législation.

MESSIEURS,

La Conférence des Chambres de commerce du Sud-Est, tenue à Lyon du 31 mai au 3 juin 1899, a examiné la législation appliquée au service des colis postaux et a conclu à l'urgence de deux réformes indispensables : l'une, tendant à modifier la juridiction chargée d'apprécier en cette matière les contestations entre les Compagnies et les tiers ; l'autre établissant, sous forme d'indemnité limitée, une sanction destinée à compenser, au moins en partie, le préjudice résultant du retard dans le transport et la livraison d'un colis postal.

Depuis cette délibération, l'intérêt et l'urgence de ces réformes n'ont fait que se manifester et s'imposer avec plus de force. En effet, le service des colis postaux n'est plus cette modeste tentative, commencée en 1881 comme accessoire du service postal, pour les échantillons et les petits paquets de 3 kilogrammes ; il est devenu, par suite d'améliorations multiples et surtout à cause des augmentations successives du poids à 5 kilogrammes, puis à 10 kilogrammes, un moyen de transport des plus utilisés en grande vitesse, si bien que le nombre des colis postaux, qui était au début de 4 millions, dépasse actuellement le chiffre de 53 millions par année.

Le commerce, l'industrie, l'agriculture et le public tout entier sont intéressés au fonctionnement régulier d'un tel service ; aussi toutes les Chambres de commerce ont-elles fait diligence pour attirer l'attention des pouvoirs publics sur l'importance et la nécessité des réformes réclamées avec une complète unanimité.

Seules les propositions de loi destinées à assurer l'exécution de ces légitimes réclamations sont demeurées immobiles au rôle d'attente des Commissions du Parlement, attendant la faveur de l'ordre du jour. Il est pénible de constater que la rapidité n'est point la caractéristique des travaux parlementaires, et, alors qu'il s'agit pourtant d'une réforme d'intérêt général, il faut attendre, demander longtemps et souvent, avant d'obtenir les modifications les plus urgentes. Aussi, est-ce dans cette pensée et dans ce but que votre Commission de législation a décidé de vous présenter un nouveau rapport sur ce sujet, espérant que l'avis autorisé de notre Chambre pourra hâter l'étude et la réalisation de ces réformes.

*
* *

Compétence. — Le 9 octobre 1880, une Conférence générale se réunissait à Paris pour étudier la question de la transmission internationale des petits colis par la poste. Elle aboutissait à la Convention du 3 novembre 1880, approuvée par la loi du 3 mars 1881, qui organisait, soit à l'intérieur soit à l'extérieur, entre la France et les nations faisant partie, à ce moment, de l'Union postale universelle, l'échange des colis du poids maximum de 3 kilogrammes, sans déclaration de valeur, dits colis postaux.

Par un *protocole final*, signé le même jour, il était dit (art. 1) : *Tout pays où la poste ne se charge pas actuellement du transport des petits colis, et qui adhère à la Convention sus-mentionnée, aura la faculté d'en faire exécuter les clauses par les entreprises de chemins de fer et de navigation…. L'administration postale de ce pays devra s'entendre avec les entreprises de chemins de fer et de navigation pour assurer la complète exécution, par ces dernières, de toutes les clauses de la convention ci-dessus…*

Avant de prendre un semblable engagement, le Gouvernement français, dont le service postal n'était pas organisé pour satisfaire à ces nouvelles charges, s'était assuré le concours des Compagnies de chemins de fer et de certaines Compagnies de transport maritime par une Convention, signée le 2 novembre 1880, entre le Ministre des postes et télégraphes et les représentants de ces Compagnies.

Relativement à la compétence judiciaire, nous n'avons à retenir que l'article 10, ainsi conçu : *Toutes les contestations auxquelles pourraient donner lieu entre l'Administration, les Compagnies et les tiers, l'exécution et l'interprétation de la présente Convention, ainsi que de la Convention internationale et du règlement d'exécution auquel elle se réfère, seront jugées par les Tribunaux administratifs.*

Malgré les modifications et les extensions nombreuses qui sont arrivées peu à peu à faire de ce service postal un véritable service spécial de grande vitesse, malgré les décisions de la jurisprudence obligeant les tiers à s'adresser aux Tribunaux administratifs pour toutes les contestations relatives à ces transports, on retrouve, dans les nombreuses conventions complémentaires, une clause à peu près identique à celle de l'article 10. Il en est notamment ainsi de la Convention du 15 janvier 1892 (art. 17[1]), approuvée par la loi du 12 avril 1892, et de celle du 12 novembre 1896 (art. 4[2]), approuvée par la loi du 17 juillet 1897.

---

[1] (Art. 17) Toutes les contestations auxquelles pourraient donner lieu entre l'Administration, les Compagnies et les tiers, l'exécution et l'interprétation de la présente Convention, ainsi que des actes internationaux sus-visés, seront jugées par les Tribunaux administratifs.

[2] (Art. 4) Seront applicables aux colis postaux de 5 à 10 kilogrammes toutes les autres dispositions de la Convention du 15 janvier 1892 auxquelles il n'est pas dérogé par les stipulations de la présente Convention additionnelle.

En présence de ces textes identiques au fond, il n'est pas inutile de connaître l'interprétation que lui donnèrent les différents degrés de juridiction. Tout d'abord, les Tribunaux civils et les Tribunaux de commerce apprécièrent que des litiges qui ne portaient ni sur la nature, ni sur l'étendue des engagements entre l'Etat et les Compagnies, mais uniquement sur le préjudice éprouvé par suite d'une faute commise dans l'exécution d'un contrat de transport, devaient être appréciés par les Tribunaux ordinaires et suivant les règles habituelles de compétence. Ils estimèrent aussi que ce mot *tiers*, si habilement inséré dans les Conventions par les Compagnies, et si imprudemment accepté par l'Etat, alors surtout que ces *tiers*, c'est-à-dire les expéditeurs et les destinataires, n'étaient ni parties, ni représentés au contrat, ne pouvait être appliqué équitablement à celui qui charge une Compagnie d'opérer le transport d'un colis postal; à leur avis, cette opération était un contrat de droit commun relevant des juridictions civiles ou commerciales.

« Attendu, disait la Juridiction commerciale, que, nonobstant les termes de cet article (art. 10 de la Convention de 1880) et malgré leur généralité apparente, il est permis de considérer que les contestations relatives à l'exécution et à l'interprétation de ladite Convention sont uniquement celles relatives à l'application des tarifs et à celle des clauses même de l'acte législatif dont s'agit;

« Que l'objet de la demande est tout autre ; qu'il constitue un quasi-délit, c'est-à-dire un grief de droit commun, à raison duquel il n'apparaît pas qu'il y ait eu, dans la pensée de la loi, une dérogation aux règles ordinaires. » (Trib. de com. de Muret, 29 mars 1882, *Dalloz*, verbo *Postes et télégraphes*, p. 99.)

C'était le bon sens et l'équité, on peut même ajouter que c'était la pensée du législateur et l'intérêt des parties en présence, mais, il faut l'avouer, ce n'était peut-être pas l'interprétation littérale du texte de la Convention. Aussi cette jurisprudence, inspirée par le désir de faciliter le règlement amiable de ces modestes litiges, ne fut pas sanctionnée par les Cours d'appel et par la Cour de cassation elle-même[1], qui décidèrent que les textes des

---

[1] La Cour, attendu que le service des colis postaux, créé en exécution de la Convention internationale du 3 novembre 1880, a été soumis par cette Convention à des règles particulières ;

Que, tout en chargeant les compagnies d'exécuter pour lui et comme substituées à ses

articles 10 et 17 des Conventions des 2 novembre 1880 et 15 janvier 1892, approuvés par les lois des 3 mars 1881 et 12 avril 1892, étaient précis et explicites et que la généralité de leurs termes excluait toute interprétation restrictive. Plus encore, il fut admis que la qualité de mandataire substitué de l'Etat assurait aux compagnies, en matière de colis postaux, un privilège de juridiction administrative.

Par un arrêt du 16 avril 1883, la Cour de Toulouse [1] place parmi les

droits et à ses obligations, le transport des colis postaux, le gouvernement français reste seul responsable du service à l'égard des gouvernements étrangers ;

Qu'ainsi le service, quel que soit le mode d'exécution adopté, reste toujours un service essentiellement postal et dès lors exclusivement administratif;

Attendu que l'article 10 de la Convention passée le 2 novembre 1880 et approuvée par l'article 2 de la loi du 3 mars 1881 dispose expressément que toutes les contestations auxquelles pourra donner lieu entre l'Administration, les Compagnies et les tiers, l'exécution et l'interprétation de ladite Convention seront jugées par les Tribunaux administratifs ;

Attendu que cette disposition est formelle et s'applique non seulement aux contestations dans lesquelles l'administration est partie, mais encore à toutes les contestations qui peuvent s'élever entre les Compagnies substituées à l'administration et les tiers pour tout ce qui concerne le service des colis postaux ; ·

Rejette...

(Cass., Ch. civile, 11 février 1884. Sur arrêt de la Cour de Montpellier. Gerbaud et Compagnie du Midi.)

[1] Attendu, dit en effet l'arrêt de la Cour de Toulouse du 16 avril 1883, par réformation du jugement précité, que le moyen pris de ce que le fait imputé à la Compagnie constituerait une faute de droit commun et un quasi-délit (il s'agissait de la perte de deux colis postaux) ne peut modifier la règle de compétence établie, alors qu'il est constant que ce quasi-délit s'est produit dans l'exécution du service des colis postaux, attendu que le sens littéral de l'article 10 est conforme aux principes généraux du droit en cette matière et à l'esprit de la loi ;

Attendu qu'en règle générale les Tribunaux ordinaires statuent sur les difficultés résultant des rapports entre les Compagnies et les tiers, que les Compagnies de chemins de fer sont des commerçants et que le contrat de transport est de la compétence de la juridiction consulaire ;

Mais attendu que le transport des colis postaux moyennant un prix minime et qui n'est pas une rémunération réelle du service rendu, ne peut être assimilé à un fait d'exploitation commerciale, que le service des colis postaux a été organisé dans un but d'intérêt général et public et que les Compagnies se sont chargées d'un service qui rentrait dans les attributions de l'administration des postes ;

Que l'article 1 du protocole final de la Convention du 3 novembre 1880, qui est devenue la loi du 3 mars 1881, déclare que les Compagnies sont substituées aux obligations et aux avantages résultant pour le gouvernement français de cette Convention, que les principaux avantages stipulés par le Gouvernement consistent dans la limitation de

principaux avantages concédés aux compagnies l'attribution de compétence aux tribunaux administratifs. Qu'est-ce à dire? sinon que, par le choix d'un tribunal unique, siégeant à Paris, d'accès laborieux et coûteux, les justiciables revendiquant une indemnité de 15 à 20 francs seront à peu-près forcément écartés, et qu'ainsi les Compagnies resteront le plus souvent à l'abri des réclamations.

C'est là en effet un grand avantage, mais c'est aussi une grande injustice qui a bien pu passer inaperçue, mais qui ne saurait être maintenue plus long-temps dans un pays qui veut l'administration de la justice égale pour tous [1].

N'est-il pas vraiment surprenant d'entendre la Cour de Paris parler du

sa responsabilité à une somme de 15 francs au cas de perte de colis postaux et dans l'attribution de compétence aux Tribunaux administratifs pour apprécier les faits se rattachant au transport de ces colis; que les Compagnies, en leur qualité d'entrepreneurs de transports et de commerçants, sont soumises, en cas de perte, à une responsabilité indéfinie, tandis qu'au cas de perte d'un colis postal elles jouissent du privilège de la responsabilité limitée que l'État s'est réservé, qu'elles ne profitent de ce privilège exclu-sivement réservé à l'État que parce qu'elles sont substituées au Gouvernement dans un service public, que c'est en la même qualité et pour la même cause qu'elles doivent *bénéficier* de la juridiction administrative, que c'est dans ces conditions et en particulier sous la condition stipulée à l'article 10, qu'elles ont consenti à se substituer à l'État, que le service des colis postaux est exécuté par les Compagnies au nom et sous le contrôle de l'administration des postes, qu'en réalité elles font l'office de cette adminis-tration; que le sens naturel et logique de l'article 10, c'est qu'elles doivent être soumises à la même juridiction à laquelle serait soumise l'administration des Postes, si elle n'avait pas délégué ce service....

[1] A cet égard, il est encore utile de signaler les termes de l'arrêt de la Cour de Paris du 27 août 1884 :

« Considérant qu'il s'agit ici d'un service postal essentiellement administratif..... et que les Compagnies de chemins de fer, substituées aux droits et obligations du gouver-nement français, ne sont chargées de ce service que sous le contrôle et l'administration des Postes ; qu'il importe peu qu'en règle générale les rapports entre le concessionnaire substitué à l'État et le public, à raison de l'exploitation de la concession, soient jugés par les Tribunaux ordinaires; que pour le transport des colis postaux, la juridiction administrative a été expressément réservée et que cette disposition formelle et sans restriction aucune s'applique non seulement aux contestations dans lesquelles l'admini-tration est partie, mais encore à celles qui peuvent s'élever entre les Compagnies sub-stituées à l'administration et les tiers pour tout ce qui concerne le service des colis postaux ; — considérant que la Convention du 2 novembre 1880 impose en définitive aux Compagnies un service postal avec abaissement de tarif, *exclusif de toute idée de spécu-lation commerciale*, et qu'il est rationnel que celles-ci puissent se prévaloir, comme l'État lui-même, du bénéfice d'*une juridiction plus expéditive et moins dispendieuse que celle des Tribunaux ordinaires*, alors surtout..... que l'indemnité.....ne peut dépasser 15 francs. »

Conseil d'Etat comme d'une juridiction plus expéditive et moins dispendieuse que celle des Tribunaux ordinaires ; c'est presque aussi surprenant que d'entendre affirmer que les Compagnies, en acceptant le transport des colis postaux, n'ont pas fait œuvre d'exploitation commerciale et que l'organisation de ce service est exclusive de toute idée d'exploitation commerciale ! Nous connaissons trop le dévouement attentif et éclairé des directeurs de nos grandes Compagnies pour croire qu'ils ont pu accepter ce service sans avoir consulté et assuré les intérêts de leurs actionnaires ; ils ont eu raison et il faut reconnaître qu'ils ont réussi.

Du reste, outre que les intérêts des Compagnies nous paraissent largement sauvegardés, nous ne saurions admettre que, par système de compensation, on puisse faire choix d'une juridiction parce qu'elle semble mieux convenir à l'une des parties. Toutes les juridictions ont été créées et organisées dans le but d'assurer, suivant une compétence spéciale, les droits des justiciables ; toute convention et toute loi doivent s'inspirer de ce grand principe d'égalité, en offrant une justice rapide, économique et aussi rapprochée que possible de ceux qui doivent l'invoquer. Toute autre solution risque d'être contraire à l'équité et de n'offrir que l'apparence de la justice.

On comprend qu'entre l'Etat et les Compagnies il ait été décidé que toutes les questions relatives à l'exécution et surtout à l'interprétation des conventions seraient soumises aux Tribunaux administratifs ; mais on ne saurait admettre que, par une extension inexplicable, les tiers soient obligés de faire apprécier par un tribunal spécial, tel que le Conseil d'Etat, des différends d'un ordre purement commercial. En effet, les rapports entre un rétrocessionnaire substitué à l'Etat, comme c'est le cas des Compagnies, et le public sont des rapports de droit commun qui doivent être appréciés suivant les règles ordinaires de compétence judiciaire, parce qu'à ce dernier point de vue la matière et les contestations qui en découlent n'ont rien d'administratif. Il en est du reste ainsi pour les concessions de chemins de fer ou de tramways, rétrocédées par les départements ou les villes à des sociétés ou à des individus. Il faut encore ajouter que l'Etat lui-même, lorsqu'il se livre à une exploitation directe, devient par ce fait justiciable des tribunaux ordinaires. C'est ainsi que l'Etat, exploitant le réseau dit de l'Etat, est justiciable pour faits de cette exploitation, des tribunaux de commerce [1].

[1] Nous ne méconnaissons pas, disait M. le député Jouart, en présentant une pro-

Il n'est pas non plus inutile de faire remarquer qu'en faisant disparaître, comme nous le verrons plus loin, dans la Convention du 15 janvier 1892, le mot *train-poste* qui existait dans la Convention initiale du 2 novembre 1880, et qui paraissait indispensable pour caractériser le service nouveau de transport des colis postaux, on a changé le caractère postal de ce service pour en faire un service spécial de grande vitesse que l'on continue de qualifier improprement de service postal.

La substitution des Compagnies à l'Etat a donc disparu en fait ; les Compagnies ont repris leur rôle de commerçants transporteurs, avec des

position de loi dans ce sens, que cette réforme soulève une question de principe.

L'article 1er de la Convention du 2 novembre 1880 a substitué les Compagnies dans tous les droits et obligations de l'État « pour tout ce qui concerne le transport des colis postaux au moyen de leurs services ».

Il semble dès lors que les compagnies, agissant en vertu d'une délégation précise de l'État, sont elles-mêmes justiciables de la juridiction administrative d'après la règle que la juridiction civile ne peut prononcer condamnation contre l'État agissant comme puissance publique.

Mais les nécessités pratiques ont déjà fait admettre diverses exceptions à ce principe.

C'est ainsi qu'en matière postale même on trouve déjà à cette règle deux dérogations importantes :

1° Le décret du 26-29 août 1790 sur la direction et l'administration générale des postes (3e partie, art. 3) renvoie « devant les juges ordinaires des lieux » les contestations relatives aux tarifs de perception ;

2° La loi du 4 juin 1859, sur le transport par la poste des valeurs déclarées, dispose dans son article 3 : « En cas de contestation, l'action en responsabilité est portée devant les tribunaux civils. »

Il n'y a pas de raison pour ne pas faire subir, en matière de colis postaux, une troisième dérogation à ce principe s'il en doit résulter plus de facilité et de nouvelles garanties pour ce service.

On nous objectera peut-être aussi que cette proposition a pour effet de modifier des dispositions conventionnelles et que ce résultat ne saurait être obtenu que par de nouvelles négociations entre l'État et les représentants des compagnies.

La nécessité d'ouvrir de nouvelles négociations ne serait pas une raison suffisante pour écarter *de plano* une réforme qui paraît s'imposer absolument.

Mais une pareille nécessité n'existe pas. Les parties n'ont pas le droit de choisir leurs juges. Les règles de la compétence sont d'ordre public, il n'appartient pas aux parties d'y déroger, même par une stipulation expresse (Tribunal des conflits 1889. Vergnioux), et le législateur conserve toujours, quelles que soient les conventions intervenues, la faculté de réglementer souverainement les questions de cet ordre.

(Extrait de l'exposé des motifs présenté par M. Jouart, député, à l'appui de sa proposition de loi, séance du 27 février 1899.)

tarifs homologués comme dans tous leurs autres services. Et alors, puisque rien n'est changé au système ordinaire, puisque le commerçant est toujours là avec ses actes d'exploitation commerciale, pourquoi le distraire de ses juges naturels, alors surtout que l'intérêt des autres parties en cause s'oppose à cette exception? Il faut croire que les rédacteurs d'une pareille clause ou ceux qui l'ont acceptée n'ont jamais réfléchi à l'embarras de l'expéditeur ou du destinataire d'un modeste colis postal de 3 kilogrammes, obligé d'aller faire valoir ses droits à Paris, devant une des plus hautes juridictions françaises, pour obtenir une indemnité de 15 francs, ou bien il faut convenir qu'ils ont dû reconnaître qu'une semblable garantie ne pourrait être en pratique qu'une fiction, et qu'en réalité les Compagnies seraient à l'abri des contestations et apprécieraient ainsi seules les droits des tiers.

En résumé, ainsi centralisée, ainsi éloignée du justiciable, ainsi entourée de frais et d'embarras de toutes sortes, l'action judiciaire, telle qu'elle existe en matière de colis postaux, est illusoire, et elle restera telle tant que le législateur n'aura pas confié l'examen de ces litiges à la juridiction rationnelle qui doit en connaître.

Quelle doit être cette juridiction?

La plupart des Chambres de commerce ont examiné cette question; toutes sont unanimes à reconnaître qu'une réforme de compétence s'impose, et qu'elle est d'autant plus urgente que le nombre des colis postaux s'augmente chaque année avec plus de rapidité; toutefois, les opinions diffèrent quelque peu sur le choix à faire. Les unes, et c'est le plus grand nombre, réclament la juridiction commerciale; d'autres se sont prononcées pour le juge de paix; quelques-unes, pour accorder la plus grande facilité aux justiciables, concluent à accorder compétence aussi bien au juge de paix qu'au Tribunal de commerce.

Notre Chambre, suivie par la majorité des Chambres de commerce de la Conférence du Sud-Est, s'est prononcée pour le Tribunal de commerce, et votre Commission de législation vous propose de confirmer cet avis; estimant d'une part qu'il est logique de confier l'examen de ces contestations à des juges qui sont déjà chargés d'apprécier les litiges en matière de transport par grande et petite vitesse ou par tous autres moyens; d'autre part, que le juge de paix ne saurait, en plus de ses multiples et récentes charges, recevoir encore cette nouvelle occupation sans risquer de nuire à l'évacuation d'un rôle de plus en plus encombré.

La deuxième réforme qu'il nous reste à exposer et à justifier paraît tout aussi utile et non moins urgente ; elle concerne les délais de transport et surtout l'étendue de la responsabilité des Compagnies en cas de retard dans la livraison.

§ 1. **Délais**. — Les délais de transport sont nettement précisés par les Conventions du 2 novembre 1880 et 15 janvier 1892 stipulant, la première, que les colis postaux seront transportés par les *trains-poste ou autres* en usage pour les colis de grande vitesse, la seconde, que le transport sera effectué par les *trains en usage pour le service des colis en grande vitesse*[1].

La suppression, d'apparence anodine, du mot *train-poste* qui avait été placée dans la Convention organisatrice de 1880, pour bien caractériser ce nouveau service postal, provoqua devant le Sénat, de la part du Ministre, quelques explications utiles à connaître. M. Millaud, sénateur du Rhône, donna lieu à cette intervention officielle, en demandant « si le commerce

---

[1] Voici les textes des ces deux Conventions.

1° Convention du 2 novembre 1880, entre le Gouvernement français et les Compagnies de chemins de fer et de transports maritimes.

« Art. 1. — *Les Compagnies s'engagent à effectuer le transport des colis postaux de 3 kilogrammes et au-dessous, dans les conditions fixées par les projets de Convention et de règlement internationaux susvisés. Ces transports seront effectués par les trains-poste ou autres en usage pour le service des colis de grande vitesse.* »

On lit dans l'avis publié à l'occasion de l'ouverture du service des colis postaux (*Journ. offic.* du 24 avril 1881, p. 2255) :

« Transport. — Les colis postaux sont transportés par les trains-poste, ou autres en usage pour le service des colis de grande vitesse, et *dans les délais fixés par les règlements généraux.* »

2° Convention du 15 janvier 1892, entre le Gouvernement français et les Compagnies de chemins de fer et de transports maritimes.

« Art. 1. — *Les Compagnies s'engagent à effectuer le transport des colis postaux de 0 à 3 kilogrammes et de 3 à 5 kilogrammes, dans les conditions fixées par la Convention internationale et le règlement y annexé, du 4 juillet 1891.*

« *Les transports par voies ferrées sont effectués dans les trains en usage pour le service des colis en grande vitesse.* »

n'aurait pas à souffrir des dispositions nouvelles, quand les colis postaux ne seraient plus transportés par les trains-poste[1]. »

Voici la réponse du Ministre : « Il est parfaitement exact que nous avons supprimé dans les Conventions le mot *train-poste, et cette suppression constitue non pas une aggravation, mais une amélioration du service...* »

Après avoir énuméré les avantages et l'économie de la nouvelle Convention, le Ministre concluait ainsi :

« *Par conséquent, l'industrie, le commerce, le public en un mot*, est assuré d'avoir, par le nouveau service, les avantages considérables que je vous ai déjà signalés et même les avantages de vitesse. En effet, les Compagnies de chemins de fer étudient un nouveau système de trains, et tout fait prévoir, bien qu'en pareille matière on ne puisse rien affirmer tant que la décision n'est pas prise, que le travail auquel on se livre en ce moment conduira à l'établissement de trains spéciaux, destinés précisément au transport des colis en grande vitesse. Or, ces trains n'auront pas, comme les trains-poste, à transporter à la fois des colis et des voyageurs; *les ingénieurs prévoient que le service des colis postaux se fera dans des conditions plus rapides et plus sûres qu'il ne se fait actuellement par trains-poste.* »

Il ne saurait donc exister et en fait il n'existe aucune divergence sur le principe de l'obligation imposée et acceptée par les Compagnies, de transporter et de livrer les colis postaux dans les délais prescrits pour les transports en grande vitesse.

§ 2. **Responsabilité.** — A côté de cet engagement indéniable se pose immédiatement la nécessité d'assurer l'exécution de cette clause capitale du contrat de transport. Quelle sera la sanction légale destinée à imposer aux transporteurs l'accomplissement de cette obligation et quelle sera pour le public la compensation équitable, pouvant le protéger contre la faute ou la négligence des Compagnies en lui assurant une juste indemnité en cas de préjudice occasionné par le retard? Eh bien, il faut le dire bien haut, malgré le monopole donné aux Compagnies, malgré la netteté de cet engagement de livraison, malgré l'intérêt de la question, il n'y a pas de sanction; les

---

[1] Séance du Sénat du 8 avril 1892 (*Journ. offic.*, p. 425).

Compagnies, par un inexplicable favoritisme, transportent et livrent les colis postaux comme elles peuvent ou comme elles veulent : personne n'a le droit de leur demander compte d'un retard de livraison quelque important ou quelque nuisible qu'il soit, si ce retard n'a pas occasionné une avarie ; dans aucun cas le préjudice, résultant uniquement du retard, ne peut donner lieu à une indemnité, même la plus modeste[1].

Le Conseil d'État vient de confirmer ces prescriptions et cette inégalité juridique dans un récent arrêt qui risque de faire jurisprudence pour longtemps, car on trouvera rarement un commerçant décidé à aborder la barre quelque peu redoutable du Conseil d'État, pour une demande d'indemnité de 10 francs, comme dans l'espèce qui a donné lieu à l'arrêt du 23 novembre 1900.

Il s'agissait en effet d'une demande de 10 francs de dommages-intérêt introduite le 25 janvier 1895 devant le Conseil d'État, en raison d'un retard incontesté de trois jours dans la livraison d'un colis postal, retard n'ayant du reste occasionné aucune avarie à la marchandise.

Rappelons en passant que ce procès, intenté devant cette haute juridiction que la Cour de Paris qualifie de juridiction plus expéditive et moins dispendieuse que celle des Tribunaux ordinaires, a commencé le 25 janvier 1895, pour se terminer, près de six ans après, le 23 novembre 1900, et a coûté 830 francs en frais et honoraires.

---

[1] Voici du reste les textes des conventions à cet égard :

Convention du 2 novembre 1880.— « *Art. 11. Sauf le cas de force majeure, lorsqu'un colis postal a été perdu ou avarié, l'expéditeur et, à défaut ou sur la demande de celui-ci, le destinataire a droit à une indemnité correspondant au montant réel de la perte ou de l'avarie, sans toutefois que cette indemnité puisse dépasser 15 francs.*

Décret du 27 juin 1892. — « *Art. 7. Sauf le cas de force majeure, la perte, la spoliation ou l'avarie d'un colis postal donnera lieu, au profit de l'expéditeur et, à défaut ou sur la demande de celui-ci, du destinataire, à une indemnité correspondant au montant réel de la perte, de l'avarie ou de la spoliation, sans que cette indemnité puisse toutefois dépasser, pour les colis ordinaires, 15 ou 25 francs, suivant que leur poids n'excède pas ou excède 3 kilogrammes.* »

Dans ce dernier texte on a introduit la spoliation qui n'était pas inscrite dans le texte primitif ; mais le retard n'est toujours pas indiqué.

Convention du 12 novembre 1896. — « *Art. 3 Le maximum de l'indemnité afférente à la perte, à l'avarie ou à la spoliation d'un colis postal ordinaire de 5 à 10 kilogrammes ne pourra excéder 40 francs, et, pour les colis avec valeur déclarée, le montant de cette valeur dans les conditions de l'article 7 du décret du 27 juin 1892.* »

Il faut être riche et tenace pour s'offrir une pareille justice[1].

L'arrêt rendu par le Conseil d'Etat dans cette circonstance éclaire bien là situation; les Compagnies et avec elles tous les courriers, transporteurs de colis postaux, sont dotés, en leur qualité de mandataires-substitués de l'Etat, d'un privilège, véritable droit du prince, qui les exonère de toute responsabilité en cas d'inexécution de leurs engagements concernant les délais dans le transport des colis postaux, quelles que soient du reste la cause et les conséquences du retard, pourvu seulement qu'il n'y ait pas avarie des marchandises. Ils seront bien responsables de la perte, de l'avarie, mais quant à la livraison, cette autre cause certaine de dommage, ils auront la faculté, sous la seule garantie de leur bon vouloir et de leur organisation, de faire subir à ces nombreux colis, voyageant pourtant sous la foi de délais déterminés, tous retards utiles à leurs intérêts ou résultant simplement de l'incurie ou de la mauvaise volonté de l'un de leurs nombreux employés.

Cette situation est véritablement inique et pleine de dangers pour le public, car elle crée une faveur contraire à l'intérêt général, et elle expose les tiers à être victimes des agissements d'autrui.

On ne saurait incontestablement attribuer aux directeurs de nos grandes Compagnies des idées de parcimonie exagérée, mais on doit, dans des organisations aussi complexes, tenir le public à l'abri des agissements d'un employé subalterne qui, par paresse ou par méchanceté, pourrait nuire aux intérêts des tiers, ou même, par cupidité, servir les uns au détriment des autres.

L'obligation imposée à tous les courriers par voiture, de transporter les colis postaux pour les localités où il n'y a pas de gare, ainsi que l'orga-

---

[1] Voici cet arrêt qui rappelle les textes en les interprétant:

« *Considérant que, d'après l'article 7 du décret du 27 juin 1892, la responsabilité des Administrations et Compagnies de chemins de fer, en ce qui concerne le service des colis postaux, est limitée aux seuls cas de perte, d'avarie ou de spoliation;*

« *Considérant, il est vrai, que les requérants soutiennent que l'étendue de cette responsabilité ne saurait être fixée par une disposition réglementaire, mais seulement par un texte de loi;*

« *Mais considérant que la disposition dont s'agit n'est que la reproduction d'une disposition édictée par l'article 13 de la Convention internationale du 4 juillet 1891, laquelle a été déclarée applicable au régime intérieur du service des colis postaux par l'article 12 de la Convention passée entre l'Etat et les Administrations et Compagnies de chemins de fer, le 15 janvier 1892, et approuvée par la loi du 12 avril 1892;*

« *Que dès lors, et sans qu'il soit besoin...*

« *Décide: — La requête est rejetée.*

nisation de ce service sur le réseau des Compagnies secondaires ou d'intérêt local, s'ajoutent encore pour justifier cette réforme, et il ne serait pas difficile de préciser par des exemples les multiples inconvénients de cette absence de sanction.

On objecte que les transports par colis postaux sont exactement assimilés au transport des lettres, dont le Gouvernement se charge sans responsabilité. Ce n'est pas tout à fait exact, car, en matière postale, il est de règle que toute lettre ou tout objet non recommandé ou non déclaré ne donne droit, même en cas de perte, à aucune indemnité, tandis que, d'après l'article 11 de la Convention du 3 novembre 1880, il est décidé que, lorsqu'un colis postal a été perdu ou avarié, il est dû une indemnité limitée. Puisque l'on a admis une exception pour la perte et l'avarie, pourquoi ne pas l'étendre au retard qui est également une cause de préjudice?

On pourrait du reste, à la rigueur, admettre une pareille exception en faveur de l'Etat qui est un être impersonnel, n'ayant aucun intérêt privé et représentant la collectivité des intérêts; mais pourquoi l'étendre à des compagnies et à des entreprises de transport qui n'ont pas perdu, malgré leur titre de mandataires de l'Etat, leur qualité de commerçants. En réalité, les intérêts de tous ces transporteurs sont, dans nombre de cas, opposés à ceux des tiers, et c'est mettre ces derniers à leur merci que de supprimer toute sanction à une obligation aussi importante que celle de la régularité de la livraison des marchandises transportées. La vulgarisation d'un pareil système aboutirait à l'arbitraire; c'est déjà bien assez du monopole.

On ne saurait enfin, pour légitimer un tel privilège, invoquer les tarifs acceptés par les Compagnies. Sans vouloir nier les avantages résultant pour le commerce et pour le public de la création et de l'extension du service des colis postaux, il ne faudrait pourtant pas les exagérer ni les utiliser pour justifier de trop nombreuses faveurs. En effet, outre que le développement des transactions a accru les recettes et les profits des Compagnies, il faut remarquer que ces prix uniformes, appliqués à tous les colis postaux, quelle que soit la distance, correspondent pour un certain rayon au prix de transport ordinaire de la grande vitesse, et que la diminution provient surtout de la générosité de l'Etat qui a diminué les impôts perçus par le Trésor. Ainsi, au tarif général, le colis de 3 kilogrammes paie, dans un rayon de 246 kilomètres, 85 centimes, dont 50 centimes pour les Compagnies (timbre de 10 centimes compris) et 35 centimes pour le Trésor; le colis postal de

3 kilogrammes coûte 6o centimes, dont 5o centimes aux Compagnies et
10 centimes au Trésor. Le public, dans le rayon de 246 kilomètres, a donc
profité d'un dégrèvement de 25 centimes entièrement concédé par l'Etat.
Le colis postal de 5 kilogrammes, pour ce même rayon de 246 kilomètres,
paie 8o centimes, dont 70 centimes pour les Compagnies et 10 centimes
pour le timbre ; au tarif général, il paierait le même prix que le colis de
3 kilogrammes, soit 85 centimes sur lesquels il resterait seulement 5o centimes aux Compagnies, qui bénéficient aussi, avec le tarif postal, de 20 centimes.

*
* *

Plusieurs combinaisons ont été proposées pour établir une sanction
équitable, sauvegardant à la fois les intérêts des tiers et les droits des transporteurs en l'espèce.

La première, présentée par l'Union des Chambres syndicales lyonnaises,
s'inspirant de l'esprit de la Convention internationale de Berne du 14 octobre 1890, propose d'accorder une indemnité en cas de retard dans la livraison « sans qu'il y ait à prouver qu'un dommage soit résulté de ce retard, et de
calculer le chiffre de cette indemnité d'après l'importance du retard en
fixant un maximum de 5 francs par kilogramme [1] ».

Ce système constitue une sanction efficace et présente en outre l'avantage d'un règlement facile ; nous l'accepterions volontiers, mais il nous
paraît trop sévère pour les transporteurs en ce qu'il impose une indemnité
sans qu'il soit besoin de prouver un préjudice. Il ne faut pas oublier ce
principe de droit et d'équité qui veut qu'il n'y ait pas d'indemnité quand il
n'y a pas préjudice. De plus, avec sa généralité, ce système risquerait d'accorder une indemnité insuffisante si le préjudice est réel, exagérée ou
superflue s'il est minime ou nul.

La deuxième proposition, présentée à titre subsidiaire et temporaire
par l'Office des transports des Chambres de commerce du Sud-Est, consis-
terait à créer une nouvelle catégorie de colis postaux, dits colis postaux

---

[1] Voici les chiffres proposés : pour le premier jour de retard, 5o centimes par kilogramme ; pour les jours suivants, 10 centimes par kilogramme et par jour ; maximum
d'indemnité, 5 francs par kilogramme.

accélérés, assurés contre les risques de retard, moyennant une prime de 5, 10 ou 15 centimes, suivant le poids du colis. Nous sommes persuadés que les Compagnies accepteraient cette solution ; mais, au nom du commerce, votre Commission ne saurait vous proposer de l'approuver même temporairement, l'expérience prouvant que le provisoire devient trop facilement un état définitif. Il nous semble aussi que cette proposition, sans imposer aux Compagnies aucune nouvelle obligation, leur accorde un supplément de profit injustifié. Il n'est pas admissible de donner une prime pour obtenir ou pour assurer l'exécution d'un droit. De plus en exagérant ce système de créer des colis postaux à tarif spécial et à livraison rapide, on arriverait insensiblement à légitimer et presque à autoriser le retard de tous les autres colis postaux voyageant au tarif ordinaire. Il existe en effet déjà des tarifs avec prime supplémentaire, pour les colis postaux recommandés, pour les colis postaux par exprès et contre remboursement, il ne convient pas de créer de nouvelles catégories, alors surtout qu'elles ne serviraient qu'aux intérêts des transporteurs, sans assurer au public d'autres avantages que ceux résultant des conventions.

Votre Commission apprécie que l'indemnité pour préjudice résultant du retard devrait être calculée d'après les bases admises pour la perte et l'avarie, c'est-à-dire avec maximum de 15 francs pour les colis de 3 kilogrammes, de 25 francs pour ceux de 5 kilogrammes et de 40 francs pour ceux de 10 kilogrammes. Pour introduire cette réforme dans le texte des conventions, il suffirait d'ajouter quelques mots dans l'article 7 en disant : « Sauf le cas de force majeure, la perte, la spoliation, l'avarie ou le préjudice résultant du retard ».

En résumé, Messieurs, de son examen et des explications qui précèdent, votre Commission conclut à l'urgente utilité d'une réforme de la législation actuelle des transports par colis postaux.

Elle est d'avis :

Que le service intérieur des colis postaux cédé par l'État aux Compagnies de chemins de fer, constitue, par suite des modifications et des extensions successives qui lui ont été données, un service d'intérêt général qui doit offrir toutes les garanties de sécurité et d'exactitude ;

Qu'il y a lieu, notamment en ce qui concerne les contestations entre les tiers et les divers transporteurs de colis postaux, de faire choix d'une juridiction plus rapide, moins dispendieuse, plus rapprochée des justiciables et mieux organisée pour les règlements amiables que les tribunaux administratifs ;

Que la juridiction des Tribunaux de commerce, connaissant déjà des contestations en matières de transports, présente ces avantages ;

Que l'absence de sanction indemnisant au moins en partie l'expéditeur ou le destinataire du préjudice occasionné par le retard dans la livraison d'un colis postal constitue une exception contraire à tous les principes du droit commun et tend à rendre illusoires les engagements des transporteurs ;

Qu'il y a lieu, en conséquence, de stipuler que la responsabilité des transporteurs, sauf le cas de force majeure, sera engagée en matière de colis postal, non seulement en cas d'avarie, de perte ou de spoliation, mais aussi en cas de retard, si ce retard a occasionné un préjudice, quand bien même il n'y aurait pas avarie des objets transportés ;

Que le montant de l'indemnité à allouer doit être réglementé d'après les principes admis en cas de perte ou d'avarie.

Ce rapport entendu :

La Chambre de Commerce de Lyon,

A l'unanimité, l'adopte dans ses termes et conclusions,

Exprime le vœu :

1° Que l'appréciation des contestations entre les transporteurs et les tiers en matière de colis postaux soit déférée aux Tribunaux de commerce ;

2° Que les transporteurs soient responsables du préjudice occasionné uniquement par les retards de livraison, et que cette responsabilité soit régie par conditions admises en cas de perte, d'avarie ou de spoliation ;

3° Que la proposition de loi de M. Jouart, député, modifiée dans le sens de la présente délibération en ce qui concerne la compétence, soit portée à l'ordre du jour du Parlement et votée le plus rapidement possible.

La présente délibération sera adressée à M. le Ministre du Commerce, de l'Industrie, des Postes et des Télégraphes, et à M. le Ministre des Travaux Publics.

La Chambre en vote ensuite l'impression et décide qu'elle sera transmise à toutes les Chambres de commerce.

Pour extrait conforme :

Le Secrétaire, membre de la Chambre,

P. VINDRY.

www.ingramcontent.com/pod-product-compliance
Lightning Source LLC
LaVergne TN
LVHW011018180726
843502LV00007B/2619